L'AMOUR SACRÉ

DU MÊME AUTEUR :

CUEILLE D'AVRIL, premiers vers (*épuisé*).
LES CYGNES, poésies, 1885-86 (*épuisé*).
ANCÆUS, poème dramatique, 1885-87 (*épuisé*).
JOIES, poèmes, 1888-89 (*épuisé*).
LES GYGNES, nouveaux poèmes, 1890-91.
DIPTYQUE, (Le Porcher, Eurythmie), 1891 (*hors commerce*).
LA CHEVAUCHÉE D'YELDIS et autres poèmes, 1893.
SWANHILDE, poème dramatique, 1893 (*hors commerce*).
Πάλαι, poèmes, 1894.
POÈMES ET POÉSIES, 1895.
LAUS VENERIS, poème de Swinburne (*traduct.*), 1895 (*épuisé*).
LA CLARTÉ DE VIE, 1897.
PHOCAS LE JARDINIER, 1898.
LA PARTENZA, poèmes, 1899 (*hors commerce*).
LA LÉGENDE AILÉE de Wieland le Forgeron (1893-99).
SAINTE AGNÈS, 1900 (*hors commerce*).
SAINTE JULIE, 1902 (*hors commerce*).

L'AMOUR SACRÉ

POÈMES

PARIS

BIBLIOTHÈQUE DE L'OCCIDENT

17, Rue Eblé.

MCMIII

Exemplaire de Marie-Comte

Cet ouvrage a été tiré sur papier de Hollande Van Gelder à
60 exemplaires et à 150 exemplaires sur vélin couché, signés de
l'auteur.

Le 10 Mars 1903   N° 1

Francis Vielé-Griffin

CITIUS.IN.MORTEM.FESTINATAE
DOLENDA.SORORIS.VESTIGIA
SPARSIT.HIS.FRATER.FLOSCULIS

LE MIRACLE DES ROSES

O Poète, ce Don de Vie, ton gai délice,
Pèse — comme le fardeau d'aumône au tablier
De la reine au cœur pur du naïf fablier
Qui, tremblante et si pâle qu'on eût dit un grand lys
Et rejetant le pli de sa gonne troussée,
Fit, devant ses pieds blancs, comme un défi au vice,
S'éparpiller à flots les roses en rosée...

Ouvre ton cœur serré, ouvre tes mains fermées ;
Montre ta grave aumône de tendresse voilée ;
Qui sait l'arrière écho de tes chansons ailées ?
Si tel geste ne suivra leur vol vers l'empyrée ?
Si, par un soir de joie dans les belles années,
Tes roses nourricières ne seront moissonnées

A l'égal des épis des grands blés fraternels?
Car l'Heure est ainsi faite, idéale et réelle,
Que l'âme avec le corps s'en nourrit à sa faim
Et le pain se fait rose et la rose est du pain.

SAINTE AGNÈS

« Miratur orbem sub pedibus situm,
Spectat tenebras ardua subditas
Ridetque... »

Aurelii Prudentii Peristephanon
V. 3844 et seq.

SAINTE AGNÈS

..... *Il disait :*

« J'ai vu brûler ta chevelure
Comme une torche levée,
Sous le grand portail d'ombre
Qui s'ouvre dans le mur ;
Et, sur le seuil,
Tes petits pieds chaussés d'argent
Posaient comme deux colombes ;
Alors je t'ai aimée éperdûment
Jusqu'à pleurer de joie... »

Mais elle :
« Passez, seigneur ;

Dieu sait mon choix. »

« Reste !
Et quand j'ai su ton nom,
J'allais, de rue en rue, le répétant
Si haut, sans doute, et avec tant de gestes,
Qu'on riait... »

« Seigneur, me faites-vous affront ? »

« Agnès !
Si tout l'or de Symphronius, mon père,
Est peu pour faire à ta beauté un piédestal ;
Et si tout mon amour est peu de chose
Devant tes pieds — effeuillaison de roses,
Parfums répandus sur un seuil de pierre — ;
Du moins, dis-moi jusqu'à demain : Espère !
Dis-le, comme un léger mensonge de femme
Qui promet mieux qu'un rêve à l'enfant qu'elle endort:
Dis-moi, sans même y croire, le mot d'espoir,
Dis-le, même en riant, par moquerie :
Qu'il soit encor mon étoile, ce soir,
Si, veillant ton songe endormi,
J'invoque ton image en regardant la nuit,

Debout entre les acanthes, sous mes chênes-verts,
Là-haut — tu vois d'ici le jardin rire
De tous ses parfums entr'ouverts —
Là-haut, tout près... trop loin de toi... »

Mais elle a répondu : « Seigneur, n'espérez pas. »

Il s'en fut donc et languit sans espoir
A regarder les étoiles, le soir,
Le jour, à rayer ses tablettes de cire ;
Si, que le père en devina son mal
Et sut, le demandant, le nom de son désir
Et fit venir à lui, étant préfet de Rome,
Agnès, vierge patricienne et riche.
Ce Symphronius était prud'homme,
Soucieux des siens, avare sans être chiche ;
Il lui dit comme on se mourait pour elle,
Sage et sans paroles outrées,
Il vantait l'honneur de ce choix égal
Et toute la joie de vivre idolâtrée.

Mais elle : « J'ai fait un choix insigne,
Seigneur, mon époux brille comme un flambeau :

Il est si noble que j'en suis indigne
Et riche plus que l'empire, et beau
Plus que le soleil d'aurore, et sage
De la sagesse entière, et sa bonté
Va, jusqu'à sourire à mon indignité. »

Puis elle a voilé son riant visage
Et prit congé du chef de la Cité.
Or, Procopios, qui guettait le message,
En eut sa plus grand'peine,
Sentant la jalousie le mordre au cœur
Au point que son amour fut de la haine
Et qu'il maudit, en pleurant, sa douleur.

Cherchant, on sut la cause :
Que le Christ pâle l'avait enclose
Au bercail de ses vierges claires...
(Bon Jardinier, tes frêles roses
Vont s'effeuillant aux vents d'hiver !...)
Symphrone, père outré et dur préfet de Rome,
Sentant, alors, la dignité de sa colère,
Fit comparaître, sans retard,
Selon l'édit :

« Celle qu'on nomme
Agnès, fille chrétienne à ce qu'on dit. »

Et quand il eut parlé selon son art
De rhéteur et de juge qui se fait craindre,
Il menaça la vierge, feignant, peut-être,
Pour la contraindre :
« Fille patricienne, prends pour époux un homme ;
Ou, si tu veux vouer ton corps aux Dieux,
Sacrifie à Vesta, comme les filles de Rome ;
Sinon, ton mépris sera ton aveu,
Et l'on te jetterait aux mérétrices... »
Il parlait haut, de verve,
Outrant son zèle en homme qu'on observe,
Et pensant bien l'amener à son choix.
Mais elle ne frémit pas
Et, levant haut la tête, de claire voix :
« Seigneur, vous auriez honte ;
Mais je n'ai rien à craindre :
Celui que j'aime dompte
Même la mort atroce ;
Il saura bien me ceindre
Du rempart de sa force.
J'estime votre fils — pussé-je vous estimer,

Sinon l'aimer ! —
Car vous êtes à plaindre
Avec vos dieux de pierre devant quoi il faut feindre
Un respect dérisoire !
Or, fussent-ils forts de toutes vos lois de mort,
Mon Dieu est le Dieu des victoires !
Nul ne pourra contraindre
Mon âme ni mon corps. »

Symphronius pâlit, fit un signe
— Mal compris des licteurs, je crois —
Il y eut des rires,
Un chuchotis de voix,
Puis la vaste rumeur des foules viles !
Il n'osa se dédire ;
Masque impassible au dur profil
Qui cache un lâche,
Il siégeait immobile,
Mais baissa le regard ;
La jeune fille fut traînée au lupanar.

Agnès,
Je me suis mêlé à la foule,

Qui hurle autour de toi sa lâche ivresse ;
J'ai vu ses gestes de fille saoûle,
La gravelure dont elle se souille
Comme d'un vin lourd rejeté ;
J'ai senti la sueur fétide qui la mouille ;
J'ai su son caprice outrageant,
Sa hoquetante lâcheté,

Et je l'ai maudite, songeant :

Cet homme-ci est père,
Celui-là, frère ou fils ;
Et tel, s'il rentre après ton long supplice,
Honorera son aïeule et sa mère
Lui met au front le baiser de l'accueil ;
Et tel s'enorgueillit, voyant au seuil
Sa fille grandie qui lui rit de loin
D'entre ses tresses claires...
Pourtant,

Groupés entre ces massives parois
Qui les surplombent,
Ils sont le nombre,
Ils sont la foule en joie,

Cloaque où tout s'écrase
— Informe, immonde, asexuée,
Pluie, sang et vase !
Et qui dévale hurlante de huées
Entre ces murs,
Charriant, comme l'égout un lys tué,
Une enfant pure
Au repaire des prostituées...

Or, en ce lieu de tristesse de chair,
Elle est entrée comme de la lumière :
Et tel, en la cave obscure,
Par la porte poussée, un rayon clair
Tombe comme de l'or aux dalles
Et rejaillit en pierreries aux voûtes,
Éclaboussant d'escarboucles les murs ;
Ainsi ce rayon virginal :
Agnès, la Pure !
Et les femmes, toutes
Les femmes lasses aux chevilles lourdes
D'anneaux d'argent,
Pâles en leurs chevelures d'or ou d'ombre
Aux durs reflets changeants,

Clignotantes et mi-couchées,

S'éblouissaient d'Elle,

S'interpellant de voix rauques et sourdes,

Entrechoquant leurs bagues lourdes,

Curieuses, la main tendue pour la toucher ;

Mais ceux qui l'avaient amenée,

La voyant sourire et sans honte

Appelant l'heure de son hymenée,

Se crurent bafoués et ridicules ;

Ils la poussèrent au centre de la salle

Et d'un geste brutal

La mirent nue...

Ils se reculent !

Car

Son corps frêle d'enfant leur apparaît vêtu

De la lumière même de sa chair chaste ;

Dieu l'avait investie de son aurore

Et de la jeunesse éternelle du monde

Et de la splendeur de ses météores,

Et plusieurs, prosternés, baisaient la trace

De ses pieds sanglants sur la dalle immonde ;

Le silence était tel qu'en une église

Quand tous les fronts se courbent et l'orgue adore :
Elle chantait l'hymne des promises
Qui, parties avant l'aube, s'avancent dans l'aurore
Au-devant de l'Époux.

Anges groupés du ciel, la contempliez-vous ?

.

Elle était la merveille qui rassure :
La certitude tendre !
Et des femmes foulées aux pieds de la luxure
Sentirent leur flanc stérile, las de se vendre,
Tressaillir, étonné,
Et surent
Que l'Espoir, joie du monde ! leur était né.

Ceux-là ont brûlé d'un feu surhumain
Qui la virent prier en élevant les mains
Et convier ses frères avec ses sœurs fragiles
Au banquet de l'Agneau, selon les Évangiles,
Disant : « Ce dur chemin mène aux joies éternelles. »

Or, d'entre celles-ci plusieurs et des plus belles
Sont mortes confessant le Christ à ses côtés,
Et des hommes sont morts qu'éclaira la Beauté

Lumineuse dont Dieu la revêtit, ce jour ;

Un autre est mort en saint
A cause de son amour...

Car, soudain !
Dans le silence d'extase où rien ne bouge
Une ombre a surgi sur le seuil du bouge :
Un cri sourd ; une phrase étranglée en sanglot ;
La chute lourde aux dalles sourdes :
Un homme gît là, inanimé...
Agnès, apitoyée, s'est penchée sur le corps ;
Une esclave en pleurant lui jette un manteau d'or,
On entend des risées,
Et des cris du dehors ;
Le saint charme est brisé...

Le tumulte bondit aviné
Sous les arcades basses où tout pas sonne :
« Un homme est tombé mort ! »
« On l'a assassiné ! »
« C'est le fils de Symphrone. »
— « Laissez, dit-elle, il dort. »

Et, le touchant au front,

Pour la première fois sa lèvre a dit son nom :

« Procopios, levez-vous et vivez pour toujours. »

Il s'est levé, transfiguré ;

Il proclamait le Christ ;

Il a béni la mort lorsque ce fut son tour ;

Car toute chose est triste

Et plus triste est l'amour.....

*C*ertes, ils l'ont tuée,

Ils l'ont poussée au bouge des prostituées,

Ils ont souillé son corps du sang de sa poitrine

Et jeté au brasier cette chair enfantine ;

Mais pensaient-ils injuste une loi de l'empire ?

Elle est morte en riant aux délices divines,

Elle a sanctifié son âge de ce rire.

SAINTE EULALIE DE MERIDA

Carpite purpureas violas
Sanguineosque crocos metite.

Aur. Prudent. Peristephanon
V. 1025-26.

SAINTE EULALIE

Pour saisir sur la lèvre d'une rose
Le papillon posé
La main tremble, trop lourde, et craint de le blesser ;
Ainsi on n'ose
— Tant elle est frêle et fine —
De crainte de heurter son rêve qu'on devine,
Toucher le vol posé de cette âme enfantine
Palpitante au seuil de la mort.

> *Fillettes,*
> *Cueillez des crocus d'or,*
> *Éparpillez les violettes.*

De quel doux rêve vas-tu la bercer
Bel ange courbé pour la voir ?

L'aïeule l'a laissée avec un long baiser
La lampe éteinte et seule dans le noir ;
Elle dort !
La lueur de ses longues tresses dénouées
Lui fait une auréole d'or,
Elle sourit en rêve, étreignant un jouet,
Sourit et dort.
Ah ! que lui veux-tu, grande Mort ?

Car voici qu'elle pleure, hélas !
Sa lèvre sanglote une plainte lasse :
Elle rêve aux enfants que l'on veut tuer
— Le père l'a bien dit tout à l'heure —
Elle étreint son jouet...

Des flammes scintillaient au fond du soir
— Elle les a vues
Rougir, là-bas, la ville noire...
Sa chair frémit toute de fièvre,
Le feu l'effleure de ses lèvres !
Elle a tordu de désespoir ses mains menues ;
Elle a crié, prié,
Jusqu'à sentir — ô délice inconnu —
Sourdre en son cœur comme un dictame

La grâce du martyre qui chante dans les flammes.

Et, levée en sursaut, furtive et vive,
Retenant son haleine, à tâtons dans la nuit,
Elle s'est enfuie,
Pieds nus sur la grand'route du Paradis.

> *Cueillez des violettes au bois, fillettes,*
> *Des crocus dans la plaine.*

Près de la haute borne milliaire
Elle a pris peur et regarde en arrière :
La lune tombe mourante sur la lande,
Lune sanglante et lasse ;
Désormais devant elle
La grand'route est couleur de cendres...
Qu'importe ! intrépide elle passe
— La grâce brille en elle —
Vers la nuit noire.

> *Cueillez des violettes noires, fillettes,*
> *Des crocus d'or couleur de gloire.*

Voici qu'au-devant d'elle, maintenant,
S'en viennent de beaux anges parés

— Ils l'attendaient sur le bord du marais —
Et chacun va portant
Entre ses mains une âme,
Petite flamme
Qui soudain disparaît
Et reparaît soudain
— Comme si l'on jouait
Tout au long du marais,
Sous le ciel froid d'octobre —
On est venu au-devant d'elle
Sur la route du ciel !

Laissez glisser au pli de votre robe
De beaux crocus couleur de miel

*A*lors, toute joyeuse,
Elle a chanté comme un avril !
Car la caresse de sa voix pieuse
Fut telle qu'on l'a nommée Eulalie,
La sainte au doux babil,
Aux mots jolis.

Fillettes ! des violettes
Par mille et mille !

Autour de sa chanson vont riant dans leur songe

Toutes les frêles âmes qu'on a tuées :
Le cortège léger vers l'Occident s'allonge
Et traîne à l'Orient jusqu'aux nuées
— Le froid zénith est sans un voile,
Les feux follets s'y mêlent aux étoiles —
Fantômes des sourires, spectres de la gaîté
Vous l'enveloppez de clarté !
J'entends le babil innombrable,
Les chansons et les rires rejoignent à l'infini
Les pleurs de l'Enfant Dieu qui vagit dans l'étable...

Cueillez des violettes bleu de nuit.

Puis l'aube a tendu sur le ciel morose
Son blanc linceul
Et l'aurore est venue saignant du sang des roses.
Elle était seule...
Elle marche seulette.

Cueillez des violettes.

Voici : ils l'ont saisie ;
On a posé ses pieds saignants sur le bûcher ;
Immondément
Sa pauvre robe est arrachée

31

Mais sa chevelure vive l'a vêtue d'or
Et parée, chaste et pâle, pour la mort ;

Sitôt !
On vit la flamme, ainsi qu'une corolle
Surnaturelle,
S'épanouir à l'entour d'elle,
Se glisser en ses longs cheveux dorés
— Telle une vigne agile et folle
Aux larges feuilles empourprées !
Et monter comme un berceau sur sa tête
Et s'élever, avec son Ame au faîte
— Colombe vite essorée !...
Puis tout ne fut que cendres, deuil et défaite.

Foulez aux pieds les vains crocus dorés.

Et l'hiver accourut semant sa neige à même
Sur cette ville souillée de sang,
Envelopper cette poussière de poème
D'un pur linceul éblouissant.

Semez des violettes blanches au vent,
Des crocus blêmes.

Or ceux qui virent cela sont morts depuis des siècles

Et l'on conte encore
Qu'au lieu du supplice, chaque avril,
Quand le soleil frappe la terre de ses traits d'or,
Il y fleurit des crocus et des violettes,
Des crocus rouges, des violettes empourprées,
Fillettes !
Des crocus et des violettes
Entre les grands cyprès.

SAINTE JULIE

SAINTE JULIE

Quand ceux de Genséric,
Chef prudent, ennemi des vains ravages,
Venus de l'Ouest au long des côtes,
Eurent surpris l'antique Carthage,
Nous autres
Qui trafiquions sur les vingt mers du monde,
Qui savions comme une ville se fonde
Et change de maître selon la fortune
Et change voire de nom, de langage et de dieux :
Nous autres
Qui avions vu marcher les dunes
Au long des syrtes ténébreuses,
Des îles naître et s'abîmer au large
Devant l'étonnement qui les contemple,

La mer se retirer, faisant d'un golfe une auge,
Et revenir pour engloutir dix temples ;
Nous trafiquions encor, sans grand scandale,
Dans la grand' ville,
Rachetant en butin à ces Vandales
Et à prix vil
Des choses apportées sur nos vaisseaux naguère
Et vendues cher

Or, de la sorte,
Moi,
Pour peu de chose et sans plus y songer,
J'ai acheté Julie d'un étranger
Avec des tapis syriens et dix esclaves :
Ma maison de Carthage se faisait forte
Car la ville fut toujours bonne
Pour ceux qui savent
Les métiers d'échange,
Et se fit meilleure en ces jours troublés
Où tout à toute heure change :
Nous engrangions ce que la guerre moissonne,
En moins d'un mois ma fortune a doublé.

Et je songeai, le désordre empirant,

A mettre mon avoir en sûreté
Peut-être aussi à le doubler encore,
Car j'étais né marchand en vérité,
Ainsi je décidai de mon départ
Et fis appareiller pour Cyrnos et le Nord ;
Seule entre mes esclaves
Julie fut emmenée à bord.

Mon père, je te dirai toute mon âme :
Sans doute en Elle j'ai aimé la femme,
Car sa beauté discrète et sa pudeur
Avaient troublé ma pensée et mon cœur,
Mais c'est ma pensée qui l'a mieux aimée
Et que j'aie bien ou mal agi,
Je le jure devant Christ, son Dieu,
Si je l'ai désirée,
Ce pur amour fut tel qu'elle n'a pas rougi
De s'y mirer.

Que je te dise, aussi :
A Carthage donc,
Devant le seuil intérieur,
D'un geste grave et sage

Elle éventait la braise
Et parait mes repas de mets meilleurs
Et j'en fus aise ;
C'est ainsi que la remarquant d'abord
Je sus d'une autre esclave qu'elle mangeait à peine,
Jeûnant devant le plat qui la tentait,
Et comme je l'en plaisantais,
Je vis que sa beauté était hautaine
Et pliait à des besognes serviles
Sa grâce patricienne
Et, devinant son origine,
Je songeai dès ce jour à faire d'elle ma femme.

Et voici donc son âme près de la mienne.

Et comme je lui parle très doucement,
Gauche et détournant le regard, presque interdit,
Elle se rassure ;
En sentant mon amour l'envelopper d'un voile
Et mon émoi la ceindre d'une armure
Elle sut sa force ;
Or pensant m'amener au Christ en souriant
Elle sourit
Entre ses tresses torses

De ses clairs yeux d'étoiles
Non du sourire des autres filles
— Roseur de honte, aveu léger —
Non, de la clarté sortait de ses yeux
De cette joie qui brille
Entre les doigts rosés d'une aube ennuagée...
Et moi, je l'aimai mieux
De jour en jour
De quelque doux, lointain et triste amour.

Les départs étaient épiés ;
Nous partîmes à nuit close et sans fanal
Et quand nous fûmes au large saufs de mal
Voguant vers cette Corse,
Elle s'endormit confiante, à bout de forces,
Contre mes pieds ;
Comme les vagues lentes de la nuit d'été
Sa gorge s'enflait d'un long souffle égal
Et moi, penché sur sa beauté,
Je songeais dans cette aube déjà pâle
Aux choses dont sa vie fut faite :
Le père archonte d'Adrumète,
L'ombre embaumée des colonnades patriales,

La cour aux grands murs blancs,
Le marbre bleu des dalles
Et l'eau qui chante goutte à goutte aux vasques,
De jour, de nuit,
Indiscontinuement...

Et soudain cette rumeur et ce râle
D'un peuple dans la nuit,
L'irruption hideuse de tes masques,
Terreur !
Les cris des femmes, les pleurs,
Les Vandales dressés sur le seuil sanglant,
Les cliquetis du fer aux flancs,
Le reflet dur des torches aux casques,
— Un vent d'épouvante surgi sous un ciel d'été
Couchant les blés mûrs aux sillons —
Sa frêle jeunesse emportée
Comme un fétu au tourbillon...

Mais Christ, redisait-elle, l'avait prise en ses bras
Et portée jusque dans Carthage
Pour ne la confier qu'à moi,
Élu entre des millions
(Disait-elle)

Homme doux et sage

Et tel

(Elle disait)

Que je devais renaître par la foi

Au Dieu né d'une vierge et mort sur une croix.

Qui sait ?

Je souriais de tout cela alors

Mais plutôt que lui dire : Non ! je fusse mort ;

Elle qui le voit bien

Me sourit et s'endort

Rêvant peut-être que je suis chrétien.

Ainsi, de jour en jour

Je l'aimais mieux sans lui parler d'amour,

Et elle, elle m'aimait bien.

A l'escale de Cyrnos, vers le soir,

Sachant qu'on célébrait les fêtes de Cybèle,

Je la laissai à bord

Que nul ne pût la voir

— Elle était belle —

Et m'en fus seul au long du port

Parmi les rires et les chants

Muer en pièces d'or quelques deniers

Selon les hasards joyeux du métier
Et parler des affaires entre marchands.
Et cependant qu'on marchande, qu'on cause,
Certain courtier d'Alep vint à savoir
— Sait-on qui va contant ces choses ? —
Qu'une femme est restée sur mon vaisseau,
Belle comme l'Orient, disait-il,
Il demande à la voir,
Se prend à plaisanter ainsi qu'un sot
Avec les pauvres mots
Qui siéent aux lèvres lourdes, à la voix grasse
Des amants des prostituées ;
Non sans mépris, je lui tournai le dos.
Or, Dieu de pitié, c'est cet homme qui l'a tuée !

Oui,
Car un peu plus tard,
Comme je vendais des coraux bifides
Au sacrificateur épanoui,
Riant selon mon art
Habile aux propos qui dérident
Jusqu'au front des vieillards
J'entendis la voix grasse derrière moi ;
« Il rit : c'est un chrétien ! »

Je restai coi
Et fis encore le sourd
Cependant qu'on s'esclaffait à l'entour,
Plusieurs me connaissant de vingt années.

Pourtant je songeai à Julie
Et quoique j'eusse fait bonne journée
Je maudis mon escale,
Pris d'on ne sait quelle terreur irraisonnée,
Je marchai sur le quai, maîtrisant ma folie,
Et vins buter au trébuchet que Dieu
Comme tu dis en ton langage pieux
Tend aux élus de sa Grâce fatale.

Car rencontrant le Syrien
Et appréhendant un scandale,
Je bravai mon dégoût et sa rancune
Et l'invitai en plaisantant à boire
A la Fortune !
Il accepte d'emblée, appelle des portefaix,
Bientôt nous sommes dix à vider une amphore
A petits traits ;

On cause ;
Sous prétexte d'étoffe à voir
Et sans me laisser une issue,
L'homme propose
De monter à mon bord
Et bien que la troupe fût vile,
Voire pour cette cause,
Je n'osai y redire,
Par crainte d'un soupçon, de pire !
Car l'irritation était grande dans l'île
Contre les jeteurs de malsorts
Juifs et chrétiens
Dont mourait, disaient-ils, l'empire.

*A*h ! la folie !
Que te conter que tu n'as deviné ?
A mon appel, Julie
Dut laisser luire sa beauté,
Sourire à la bande avinée,
Cacher sa honte, feindre de la joie,
Emplir le cratère trois fois,
S'asseoir et boire à mon côté,
Mais non ; je buvais, moi :

Écoute,

Nous n'avions qu'une coupe,

Et, saluant Cybèle,

Je l'épuisai à chaque fois

Et la lui passai vide

Sans qu'une goutte fît sa lèvre humide,

Sans qu'on pût soupçonner

Ma ruse et son émoi

(Dieu nous a pardonné)

Ni que son geste d'y puiser fût feint

Et que je la sauvais du sacrilège

D'une libation entre païens.

Mais Dieu tendait son piège

Que nul n'évite :

A boire pour deux la tête tourne vite ;

Or ivre, maintenant, j'oubliais le danger,

Amoureux d'Elle,

Tout glorieux devant ces étrangers

De sa beauté de fleur

— Fou qu'un rôle assumé leurre

Et fait qu'il vit son jeu —

J'en étais amoureux,

J'en étais vain,

J'avais posé ma tête sur son sein ;
Mais Elle, abaissant ses doux yeux,
Me dit tout bas ces mots mystérieux :
« Maître,
L'heure s'en vient,
Le fol amour t'a mis au droit chemin,
Ton âme aussi va naître,
Elle vivra,
Je te devance, tu me suivras. »

Et puis Elle s'est dressée
Grave en ses tresses brunes
Entre les torches vives et le clair de lune
De telle sorte
Qu'au reflet bruyant de leur flamme
Cette joue-ci riait toute rosée
(J'y ai posé de désir un baiser),
Mais l'autre que la lune éclaire
De son mystère
Est pâle et calme
Comme la joue des mortes...

Stupide je la contemplais frêle et forte
Qui parlait haut aux débardeurs,

Mais tout en mes oreilles assourdies
N'était qu'une rumeur sans mots,
Le sang bourdonnait à mes tempes alourdies
Et je riais niaisement, à contre-cœur,
Me levant pour la suivre,
Mais je retombai les yeux clos,
Abject, impuissant, ivre !...

On m'a conté ce qu'il advint de moi ;
Mais cette fille qui souriait sa foi,
Vous qui l'invoquez à genoux,
Que savez-vous d'elle ? qu'en saviez-vous ?
Sinon qu'ils l'ont lâchement tuée,
Qu'elle a témoigné du Christ sous le fouet
Jusqu'à la mort ! C'est assez pour vos livres,
Pour vos hymnes aux voix évertuées
Vers des vierges flottant sur des nuées ;
Mais moi, je l'ai vue vivre !

Elle est morte, m'as-tu dis, frappée à la joue ?
J'ai baisé cette joue, Seigneur, et c'est ma joie !
Elle est morte attachée à la roue
Puis pendue à la croix !

Tu m'as conté cela comme on conte une fête,
Mais penses-tu que je sois fou ?
Puis-je louer son Christ qu'elle soit morte ainsi ?
Pour prier son doux Jésus sans merci
Je ne suis pas encore de ceux que vous êtes ;
Mais souffrez que je sois chrétien aussi,
Car, je l'ai gravement aimée,
De jour en jour et d'heure en heure,
Je la prie et je l'aime sans blasphémer,
Je la prie et je pleure.

SAINTE JEANNE

..... » Puis, dans la route, le long de la Loire,
elle fit dresser un autel sous le ciel...

La beauté de la saison, le charme d'un printemps de Touraine, devaient singulièrement
ajouter à la puissance religieuse de la jeune
fille... »

MICHELET

SAINTE JEANNE

Celle qui vint de Lorraine à cheval
Cueillir les Lys de France au jardin de Touraine
Ramenait au clair geste de sa main virginale
En frissonnante traîne
— Comme d'un manteau d'or derrière elle épandu —
L'armée sans roi dont Dieu l'a faite reine ;
Et, sur le dais d'azur du firmament
— Nuage d'or, peut-être, ou flottante ombre, à peine —
La Victoire entr'ouvrait ses ailes éperdues
Et planait sur la plaine.

Le printemps s'éveillait dans l'aube tourangelle ;
Elle était pâle en son armure blanche, et belle ;
Elle portait au flanc une petite hache ;

Les longs cheveux liés contre sa nuque nue
Faisaient un casque noir à sa tête menue
Puis s'épandaient au vent et flottaient en panache ;
Un page devant elle levait l'étendard blanc ;
On avait peint des lys dans la main des deux anges
Et Dieu, avec le monde entre ses mains.

Et, derrière, venait l'armée en avalanche...

Ici — ô douce terre et féconde prairie
Que je foule en chantant ta sainte litanie,
Terre, comme ton ciel, rayonnante et royale,
O plaine maternelle en ton sourire égal
Par-dessus tes moissons, tes vergers et tes vignes
Vers tes coteaux fleuris aux couronnes insignes !

Ici, car l'herbe neuve éploie son faste immense
Sur le pourpris royal qui va de Cisse en Loire,
Entre ces peupliers levés comme des lances
Où Mai qui chante accroche ses verts pennons d'espoir
Elle a dressé l'autel et la terre en est sainte ;

Ici, elle fit halte en l'arroi triomphal

De son armure blanche et sa bannière pâle
Et groupa devant Dieu sous la voûte des branches
La foule émerveillée en ce nouveau dimanche
De voir devant l'autel sous son armure blanche
S'incarner l'âme claire des légendes de France.

Des vieillards qu'elle prit au geste de sa main
Pour les mener vers l'aube éblouie des demains
Elle fit, en riant, des jeunes gens alertes
Quand elle s'est levée, blanche dans l'herbe verte,
Comme surgit du sol un Lys miraculeux :
Et des blasphémateurs surent qu'ils étaient pieux.

Les fillettes de joie, éparses parmi les hommes,
Se groupèrent et s'en furent au geste qui pardonne,
Et l'Amour tressaillit blessé d'une autre flèche
Et pleura, se sentant moins fort que la Pitié...
Tous entendaient les voix, Jeanne, que vous écoutiez :
Ton printemps virginal faisait les âmes fraîches.

Et pourtant c'est de sang que la rosée est rouge ;
L'aube grise soulève une face d'orgie ;

Ainsi qu'un débauché sur le seuil bas d'un bouge,
Le jour sort de la nuit de léthargie ;

De grands clairons brandis sonnant l'éveil des races
Saluent l'aube d'un cri déchirant, elle saigne !
Les peuples gourds s'étirent bâillant leur faim vorace
— C'est pour la lutte encore que les mains s'étreignent —

Ah ! lève-toi, Soleil, archange de la vie,
Fais tournoyer ton glaive au seuil du vieil Eden :
L'homme las se retourne sur la route infinie
Et songe au lourd repos des légendes lointaines ;

O Vie ! amour, espoir, orgueil, colères fortes !
Chassez-nous vers la lutte exaltante et tenace ;
O Foi, vierge d'acier qui mène les cohortes,
Laboure de ta lance le cœur foulé des races !

La Loire éploie au vent son bleu manteau de reine
— Du haut de cette tour je regarde en aval —
Vergers d'avril, pourpris, renaissante Touraine,
Ne doit-il refleurir ton grand lys virginal ?

SAINTE DOMINANTE
DE BRAGA

SAINTE DOMINANTE

Dès l'aube, elle avait ri ;
Le parfum de ses lys la suivait dans la brise ;
Elle était rose comme le jour levant
Où flotte un peu de nuit : sa chevelure au vent ;
De colline en coteau son œil surpris
Se grise
Et va s'émerveillant
Jusqu'aux grands lys de neige debout sur l'horizon.

Sa voix mêlée de rire et de chanson
Contait son avenir et sa pensée,
Devançant à tire-d'ailes le pas prudent, trop lent
Du palefroi blanc
Qui porte vers l'époux la Fiancée.

Soudain sérieuse, elle a fait halte,
La tête penchée sur l'épaule ;
Le coude haut étend sa large manche
Dont la soie flotte et frôle,
Toute d'or, la croupe blanche
Et la main fait aux yeux où vont sourdre deux larmes
Un abri léger comme une aile
Contre le soleil déjà lourd d'avril :
Elle regarde derrière elle
La ville...

C'est Braga, ville blanche ;
Le roi, son père, l'a cernée de murailles
Et, tantôt, cette voûte en arche
Qu'on voit comme un point noir entre les branches
Retentissait de sonnailles claires,
Le jour étant venu que l'on s'en aille
Aux fiançailles...
Et plus loin, c'est la mer.

Elle pleure ; la large manche d'or
S'affaisse et pend en plis soyeux
Comme la bannière au vent qui meurt...
Brusque, elle se retourne et, d'un rire joyeux,

Éparpillant les fleurs de sa jeunesse,
Pique au flanc le coursier et laisse au vent
Le doux soin de sécher ses yeux !
Que le jour meure ou naisse
Qu'importe à ta beauté victorieuse
Dominante, princesse.
Jeune rieuse
Qui t'en vas vers l'époux roi des riches sillons,
Vers l'Avril et ses fleurs fleuries de papillons,
Vers l'amour souriant de loin sous les yeuses,
Vers la mer bleue de Roussillon ?

Dès l'aube, ils avaient ri,
Et, le soir, ils chantaient...
Bien que la nuit les eût surpris de ses ténèbres
Non loin de Saragosse au bord de l'Ebre,
Nul ne se sentait las :
Car de la plaine en contre-bas
Montait en ivresses l'haleine
Des fleurs jaillies par milliers de l'herbe grasse
Et des bouviers alternant leurs accords
Se répondaient, de rive en rive, au loin ;
Des harmonies s'étreignaient dans l'espace :

Son doux des cors
Et lourds parfums des foins ;
Leurs chants de jeunesse hasardeuse et vaine
S'y étaient joints,
Leur chaude haleine
Se mêlait dans la brise à l'haleine des foins :
Chœur saccadé, frénétique,
Mots qu'on rythme en claquant des doigts,
Folle danse ibérique,
Joie qui tournoie
Jusqu'à vaciller comme la flamme
D'une torche épuisée
— Morsure, baiser, risée —
Épithalame !

Chœur chuchoteur à la lèvre écarlate,
Aux paupières mi-closes ;
Pas léger qui se hâte,
Va, revient et défaille
Dans un parfum de roses
Sous le rythme haletant qui le raille
D'un baiser de sa bouche
Sur un rire qu'il étouffe...
Mais, royale et farouche,

Rompant la cadence
D'un galop soudain sous son éperon d'or,
Elle chante son essor !
En un cri, le refrain lui échappe
Jusqu'au seuil de l'horizon
Et le chœur des vingt voix le rattrape,
Le brandit comme un gonfanon
Et l'acclame au heurt des épées
Et soudain tout se tait...
Le clair chant des grillons
Monte en l'âme des herbes coupées.

Holà ! là-bas, au loin !
C'est Saragosse à travers le feuillage
Au détour de la route
En lueurs apparue
Comme un couchant d'orage ;
On prit le trot quand chacun eut rejoint.

Adieu, charme décru
Des parfums et des cors lointains, des rires ;
Haltes dans l'ombre fervente des branches ;
Marches sous le zénith en feu des plaines ;

Soifs qu'on étanche ;

Fontaines où boit l'ivresse ;

Faim des vingt ans qu'on rassasie ;

Trève aux chansons à perte d'haleine ;

Silence ! jeunesse

Dont le rire traîna comme un sillage

A travers de longs jours sans souci :

La nuit est venue sur vous tous, enfantillages !

La nuit lourde est profonde :

Il n'est plus que ténèbres, il n'est que deuil au monde.

Oui, et au nom d'un roi allié

La porte funéraire des remparts

S'est ouverte entre ses piliers

Quoiqu'il fût tard :

Avec effort

Les lourds gonds grincent et roulent...

Ils entrent vers la mort.

Car voici : cette ville est saôule,

La cité rouge saigne comme un pressoir

Et c'est le corps des Saints que Rome y foule.

Va boire !

Le sang enivre ;

*Vas étancher ta soif de vivre
Farouche fiancée,
Voici le soir !
Voici l'Époux qu'il te faut suivre
Jusqu'au Calvaire éclaboussé
De son Sang noir.*

*Haut dans le cadre obscur des noirs piliers
Qu'à peine le va-et-vient des ombres allège,
Le préteur siège
De tout le poids de Rome lourde aux humiliés.*

*Sinistrement, son masque
S'éclaire de bas ;
Le menton volontaire tend la peau flasque ;
Les narines vives bougent
Humant la mort légale ;
L'ombre des hautes joues couvre la face :
Les yeux s'y cachent ;
Mais dans la nuit du front
Les lourds sourcils arquent deux croissants rouges...
Il voit, dessous ses pieds
Et par delà les torches parfumées,*

Les faisceaux dénoués,
La hache luire ;
Et, à son geste
Que meut l'Empire,
Une tête tombe, une autre,
Car nul n'a défailli :
La hache est leste
Et le sang noir jaillit
Dont naîtra quelque apôtre...

Or, frêle et belle,
Parmi les flots du peuple qu'il refoule
Bravant les cris, écumes de la foule
Et ses remous,
Calme, haut la tête, bien en selle,
— tel un nocher sa proue —
Elle a poussé le poitrail de sa bête,
Fougueuse et folle mais docile sous elle,
Entre le bûcher et la hache,
Entre les bourreaux et les lâches,
Et puis, de marche en marche,
Jusqu'au pied même du tribunal
Où, le bras tendu en un geste d'or,

Elle a plaidé son rêve en face de la mort.

Oui, elle a parlé fiévreuse et farouche ;
Les mots qui cinglent et les mots qui touchent
Bondissaient de son cœur, s'élançaient de sa bouche :
Elle dit sa joie, sa honte, son horreur et sa haine,
Invoque la majesté de Dieu, la paix romaine ;
Menace, commande, implore
Et sourit, du sourire de l'aurore !
(O grâce que des poètes ont vantée)
Fière de la joie de convaincre qui lui plait...
Et puis, se tait, soudain
Épouvantée :

Car, cependant,
— Devers la vierge cavalière
Toute haletante de sa harangue
Belle, et plus belle de sa colère,
Si fière et droite en selle —
Très lentement !
La lourde face exsangue
Se penche
Et, peu à peu, s'éclaire :

Rieuse et lasse,
Luxurieuse et basse ;
Les lèvres ouvertes pendent ;
La langue
Entre les dents qui la mordillent
Passe et s'effile ;
La main — soudain levée
D'un geste émerveillé
Voltige, ombre agrandie,
Là-haut, entre les chapiteaux mobiles
Selon qu'au vent léger s'incline et flotte
La flamme parfumée des torches —
La main se crispe en tremblant sur la bouche d'ombre ;
La voix s'arrondit sur les lèvres tortes
Et ces paroles en tombent :

« Princesse de Braga l'occidentale,
Salut ! au nom de Rome alliée ;
Tu ne relèves de mon tribunal
Que pour ce fol outrage que j'oublie presque
— Étant un homme —
A suivre le vol doré de ton geste
Et l'essor hardi de ton verbe ailé ;
Laissons à ma justice tant raillée

Le beau souci des droits de Rome,
Pourtant
La Majesté du peuple impérial,
Tu l'as lésée ;
Cherchons au crime un châtiment égal. »

Il y eut une pause, un silence gêné
Et lui, vers elle soudain baissé :
« Je te condamne, de par la Mère d'Énée,
A me baiser ! »

Un vaste rire
Houla de proche en proche,
Des marches du tribunal prétorien
Jusqu'à la colonnade de porphyre,
Multiplié comme un écho de roche en roche,
Puis confondu en un bruit fait de mille sons :
La foule bat des mains,
Ricane, acclame, proteste
Et houle, se bousculant pour voir l'affront ;

Mais elle, sans un cri,
Souple et leste,
Presse au flanc son coursier qui d'un bond,

Brisant ses guides aux poings des licteurs ahuris,
L'enlève
— Telle une pierre la fronde ! —
La porte, la lance
Jusqu'au trône prétorien
Où, d'un grand geste,
— Éployant comme une aile d'or la large manche —
Elle a fendu du fouet la Face immonde !...

Oui, ce Dacien, de rage,
La fit brûler avec sa jeune escorte,
Sans ployer sa fierté ni leur courage ;
Et d'aucuns disent que son âme forte
A bondi vers le ciel sur un coursier de flamme ;
Et d'autres, qu'elle n'est pas morte
Mais chevauche emportant au Paradis les âmes
Des guerriers qui, mourant, invoquent Notre-Dame.

SAINT FRANÇOIS L'APOCRYPHE

(LE CHERCHEUR DE PAIN)

> Ce n'est pas de pain seule-
> ment que se nourrit l'homme.

SAINT FRANÇOIS L'APOCRYPHE

L'amour, ce plus pur des rayons de Dieu,
M'éclairait comme un soleil sur ma vie,
Ce jour-là — et je voyais mieux
Toutes choses, et ma jeune folie
Valait bien la sagesse des mages ;
Car je chantais joyeux :

« Avril verdoie et frissonne ;
Où mènent tous les chemins ?
Beauté vive, chair tiède et bonne,
Fleur de mai, fruit des vergers d'automne
Et qui brûle comme un feu dans la main.
Je suis la jeunesse et l'aurore,
J'ai vingt ans, et l'éternité !

C'est de moi que demain doit éclore,
Et de moi que naîtra la beauté ! »

Je n'avais faim, ni soif, alors,
Que d'un baiser de bouche sur la mienne
Et je marchais dans la poussière d'or
Qui striait de rayons l'ombre des sycomores
Penchés sur le chemin qui me mène.

Je fus ivre d'aimer dès le seuil
Quand je touchai du front le linteau :
J'étais grand et c'était mon orgueil
(On est fier de ces choses !)
Et les filles m'ont dit si beau
Que j'en riais d'aise aux miroirs ;
Et la vieille maison morose
Me fut triste et j'en partis un soir.

Amour,
Avec tes yeux bandés tu marches dans la nuit noire ;
Je t'ai suivi de loin, tel que toi, sans te voir,
Sans t'entendre même, sinon en mon âme ;
Mais je savais la route où tu avais passé

— Comme on suit une torche au parfum de sa flamme
Sans la voir, que dans sa pensée.

C'est toi que j'ai suivi, Amour — des filles folles
M'ont baisé sur la bouche et j'en ai cru mourir ;
Car elles avaient le goût de vivantes corolles
Et le chant des ruisseaux jaillissait de leurs rires ;
C'est toi que j'ai voulu — elles m'ont laissé la soif
Que nul baiser n'étanche, hors le tien, bel Amour ;
Et je passe maintenant sans qu'elles m'aperçoivent
Et je les vois à peine, sur la route qui court.

Car hier — quelle année sommes-nous ? —
Penché sur cette source pour y boire,
Je n'ai pas reconnu le vieillard à genoux
Qui buvait, près de moi, dans sa main, l'onde noire
— Noire d'ombre, comme une eau de Léthé, noire de soir —
Sa barbe est rousse, ses yeux sont doux
Et qui pénètrent au fond de vous
Comme pour y chercher le songe
De vos vingt ans, qu'il a perdu.

Je l'avais regardé si longuement...

Ah ! c'est un fou — ou j'en suis un —
Et c'est peut-être un sage — ou c'est tout un ! —
Une larme a coulé sur sa joue
Et, tombant dans la source, effaça son image ;
Je me suis relevé ; j'avais froid :
Déjà il faisait nuit au fond de moi
Mes yeux s'étaient éteints à regarder les siens
... Quel jour ? et quelle année ? c'est hier, je crois.

Qui est-ce ? je ne sais que sa grave beauté,
Que ses yeux qui sourient d'un songe très ancien,
Je ne sais rien de lui que sa main
Fine et pâle, et sa bouche et ses yeux de bonté
Et son sourire hautain.
Mais je le sens à mon côté ;
Car je l'entends : son souffle haletant
Si la route monte,
Et ses pas alourdis qui couvrent les miens
Et les comptent,
A moins que l'herbe n'ait feutré la route
Ou que les pins ne chantent haut dans le vent,
Alors je me crois seul, et m'arrête et je doute ;

Et pourtant...

Si je ne le vois, d'autres savent le voir :
Lorsque j'arrive vers le soir
— Quand nous arrivons, dois-je dire —
Sur le mail joyeux d'un village en fête ;
On lui parle — à lui seul — par égard
Pour son âge et sa barbe et son profond regard ;
Or j'écoute ; et je reste à sourire.

« Pauvre vieux », lui dit-on ;
Et les filles rieuses
Se prennent par la main et tournent autour de nous ;
Mais les femmes s'en viennent hors des portails, pieuses,
Lui demander l'aumône d'un geste, à genoux ;
Et — songeant qu'il bénit — je bénis leurs enfants,
En riant, à mon tour, de bénir à vingt ans !

Et, comme j'ai faim, ils me donnent du pain ;
Et, le lendemain, je reprends le chemin ;
Et je suis le vent qui s'en va devant...

SAINTE MARGUERITE

DE CORTONE

SAINTE MARGUERITE

MARGHETTA

... *C*ette arietta *pleure et saigne,*
Giovanni !
Ma joie déborde en larmes de feu
Comme ce vin fiévreux
Que boit le feuillet de ce livre
Où, tels que ceux qu'il chante, nous lisions à deux ;
Ah ! laisse ! je n'ai pas soif de vin ;
Oui, tu dis bien : je suis née ivre.

Ou, non :
Tu m'as grisée,
Grisée de musique et de rimes ;
Pendant que tu lisais,

Ces vers palpitaient sur tes lèvres,
Graves et cruels comme ton étreinte :
La joie m'opprime.
Ah ! si je parle, c'est une feinte
Et pour ne pas écouter mon angoisse
Que crie la mélodie.

Les belles heures sont longues comme la vie :
Leurs voluptés s'accroissent
Des rêves qui les revivent
Inassouvies...
Forte d'elles seules
Je braverais tout le grand avenir,
Fût-il vêtu de deuil
Et ne dût-il finir...

GIOVANNI

Ah ! tu es folle, Marghetta !
Écoute l'air futile :
Il chante à l'unisson des rires dans l'allée,
Et bois l'or prompt
Qui pétille et s'échappe de ce cristal
Comme le rire des lèvres écarlates
Dès qu'il les a mouillées !

Bois vite !...

Voici Pelagio ! ah ! dites,
Dites-lui donc
Que Claudia s'attriste si tu la quittes
Et que l'on doit pleurer
— Comme un églantier s'égoutte —
Si l'ariettine se pose et bat de l'aile
A la pointe tremblée des archets frêles ;
La voici qui s'essore, écoute :
Les cordes rient...

PELAGIO

Ah ! je t'en prie,
Laissons-les pleurer ; c'est à nous de rire :
Sais-tu la nouvelle ?

GIOVANNI

Quoi ? du neuf ?

PELAGIO

Le vieux Celio que j'ai fait veuf
A pris le froc m'abandonnant la jupe.

GIOVANNI

C'est toi, désormais, que l'on fera dupe.

Le galant héritage !

PELAGIO

Non pas ! c'est Claudia l'héritière :
J'aime ailleurs.

GIOVANNI

Ah ! déjà ?

PELAGIO

Depuis longtemps : ça date d'hier.

GIOVANNI

Et pas de nom ?
Sans doute il n'est pas lieu d'être trop fier.

PELAGIO

Seuls les yeux savent bien parler l'amour
La bouche a mieux à faire !

GIOVANNI

Et nos oreilles donc !...

Bienvenue, belle Onoria !

MARGHETTA

Quelle brise tiède te porte ici,
Ma fleur vénitienne !
Voyez sa grâce : elle glisse
Comme une barque fière
Chargée de glaïeuls et de lys.

PELAGIO

Il manque le gondolier.

ONORIA

Il ne me manque guère !

MARGHETTA

Laissez-les railler, chère,
Où donc est Claudia ?

ONORIA

Elle nous sourit de là-bas ;
Les voix croisées des violes l'enlacent et la retiennent
Accoudée aux balustres,
Captive de toute joie qui passe...

Tu sembles émue, Marghetta, âme mienne.

85

MARGHETTA

Non ; mais j'étouffe soudain sous ce lustre...
Viens-t'en sur la terrasse...
Que l'air est frais !
On dit que Celio Celi s'est fait moine ?

ONORIA

Le plaisant conte ! Claudia, est-ce vrai ?

CLAUDIA

Sans doute ! mais de quoi s'agit-il, divine ?

ONORIA

De Celio.

CLAUDIA

Alors, ce ne peut qu'être faux :
On en dit trop !

PELAGIO

Ah ! que le rire est joli sur les lèvres fines !
Sa grâce tend leurs courbes sinueuses
Comme son arc le frêle Archer farouche.

CLAUDIA

Oui, même le mensonge est charmant sur nos bouches
Rieuses ou sérieuses.

PELAGIO

Surtout le mensonge : il sied bien aux femmes.

CLAUDIA

Vous faites de nécessité vertu.

PELAGIO

Madame !

ONORIA

Vous aimez qu'on vous trompe ;
C'est d'un sage, Pelagio !

PELAGIO

Non qu'on nous trompe, mais qu'on nous mente ;
Car si les lèvres mentent, les yeux
Avouent !
Et c'est délicieux...

GIOVANNI

Encore sa thèse ! épargne-nous.

MARGHETTA

Ah ! Giovanni, donnez-moi le bras !...

GIOVANNI

Vous souffrez, Margarita ?

MARGHETTA

Ce n'est rien...
C'est fini, maintenant ; non, laisse-moi.

Venez ! nous descendons au vieux vivier
Cueillir — c'est l'heure — les roses-mousse.

GIOVANNI

Aux frêles moissonneuses, lourde moisson !

PELAGIO

Et vous nous conviez ?

ONORIA

Nous avons trop de secrets à nous dire.

PELAGIO

Baste ! nous les connaissons.

88

CLAUDIA

Pas tous !

PELAGIO

Soit ; mais les pires !

PELAGIO

Donc, sans retour ?

GIOVANNI

Oui, bon Pelagio, toute chose a sa fin,
Je pars...
Que dira-t-elle, demain ?

PELAGIO

Et que lui as-tu dit ?

GIOVANNI

Rien d'inédit :
J'ai prétexté mon oncle qui se meurt ;
Elle n'a pas un soupçon — bien qu'elle pleure.
Qu'il est donc lourd tout cet amour léger !

Comme la vie est laide
Quand elle rit de crainte de pleurer...

PELAGIO

Tu vas faiblir, Dieu m'aide !
Devant un minois en fleur de fille.
Pourquoi partir ? tu n'as qu'à demeurer.

GIOVANNI

Non ! je pars sans retour ; je vais à Rome ;
Nous nous retrouverons à Fiésole
D'ici l'automne...
Pourtant, en dépit de tes moqueries
A peine drôles,
Je crains qu'un grand amour lui tienne au cœur.

PELAGIO

Quoi, tu t'entêtes ? c'est de la fatuité ;
Ah ! peut-on douter d'une femme, ainsi :
Marghetta n'a pas mérité l'injure
Qu'on la soupçonne de fidélité.

GIOVANNI

Qu'importe, en somme ?

Et, néanmoins, je crois, Pelagio,
Que je pourrais te défier de la séduire,
Toi, ou tout autre autre
... Ne devais-je m'en retourner à Rome,
Et tout ceci ne devait-il finir
Pour moi, ce soir
— Comme un qui s'éveillant d'un somme
Oublie son rêve —
Et tout ce long été aux heures brèves
Ne m'était-il déjà un souvenir
Qui meurt avec le son, là-bas, des cordes
Parmi la roseraie...

PELAGIO

Soit ! croyons-la fidèle ; on lui accorde...
De dimanche en dimanche ?... c'est trop !
Trois jours ?... c'est trop encore !

GIOVANNI

Tu oserais ?...
Va ! je te prends au mot :
Fais-lui ta cour ;
Je reviendrai à la troisième aurore
Jouir de ta déconvenue,

Mêler mes rires à ses risées !

PELAGIO

Tu partais sans retour...

GIOVANNI

Tu craindrais ma venue ?

PELAGIO

Non pas ; je t'attendrai demain, au petit jour :
Tu t'en iras... tranquillisé.

MARGHETTA

Comme vous parlez bas, seigneur ! vous conspirez ?

ONORIA

Écoutons-les !

CLAUDIA

Des secrets, s'il vous plaît !

ONORIA

Vous délirez ;

Hélas ! quel homme eut jamais un secret ?

PELAGIO

Ah ! parlez-en :
Les vôtres courent les rues.

CLAUDIA

Fi ! l'insolent !

GIOVANNI

Oui, rien n'est secret que la vérité.

PELAGIO

Elle se cache du moins... quand elle est nue.

GIOVANNI

Non, elle est toujours là, vêtue de nos mensonges
Et riant à travers ses voiles.

Viens, Marghetta, il se fait tard ;
Je ferai route sous les étoiles
— Tes yeux ! —
Un baiser ; pas d'adieu.

Ami, et vous les sourires de nos songes,
Je pars !
A bientôt ! l'heure fuit quoi qu'à regret
De n'avoir pu écouter nos secrets :
Ce sera pour demain !

J'entends piaffer l'alezan ; holà ! Biagio,
Rendez de la main.

Claudia, tu resteras jusqu'en la nuit venue ;
Veillez, et qu'elle parle comme il est convenu,
Enlacez vos paroles
— Les bosquets riront par delà le crépuscule
De la chanson des violes —
Riez, chantez, veillez !
Et sans m'oublier, craignez le silence :
Le silence triste est mauvais conseiller,
Invite les larmes de morne compagnie ;
Adio, Marghetta ! fleur parmi les fleurs ;
Sois gaie ! mais ris donc ! elle pleure !
Claudia, embrasse-la ! Onoria, fais-la rire !
C'est ça !

Et maintenant, des ailes !

94

Biagio, sois prompt,
En selle !

Surtout, ne pas se taire !
Adieu, Pelagio, téméraire !

PELAGIO

Adieu, Giovanni, le beau fanfaron.

MARGHETTA

... Je ris, tu vois bien que je ris !

CLAUDIA

Et moi, Marghetta, je pense pleurer.

MARGHETTA

La pauvrette ! dis-moi ton chagrin.

CLAUDIA

Je n'ai pas de chagrin et c'est le pire :
A voir votre amour j'ai le cœur si vide
Que je voudrais pouvoir pleurer d'amour
Ainsi que toi,
Comme tu voulais rire tout à l'heure ;
Je pleure de n'avoir personne à pleurer.

O Margarita mienne,
C'est bon de pleurer comme tu pleures :
Souhaiter qu'on revienne...
Que tu dois l'aimer, ton amant !
Moi, c'est si triste ; comprends :
Celio se désespère, et moi je ris ;
Pelagio me trompe, je ris toujours ;
Je suis toujours la même :
Ni larmes, ni supplices ;
Ah ! vraiment c'est à pleurer tout un jour...

Apprends-moi comme on aime
Jusqu'à souffrir de telles délices.

MARGHETTA

J'ai honte, petite Claudia, tu me fais rire !
Ne va pas pleurer pour de bon ?
Je ne suis qu'une sotte d'aimer et de le dire ;
Mais qu'y peut-on ?
Giovanni, m'aime aussi ;
Peut-être est-ce bien fou que de s'aimer ainsi...

CLAUDIA

Je voudrais craindre aussi pour mon amour,

Ainsi que toi :
Si chaque fois qu'un soupçon m'effleurait
Je pouvais m'émouvoir comme tu fais,
Quelles joies me donnerait Pelagio !

Que tu es heureuse d'être, ainsi, jalouse !
Notre Onoria qui fleure le jasmin
Est belle...

MARGHETTA

Tu crois que Giovanni...

CLAUDIA

Je ne sais rien
De lui, ni d'elle ;
Je sais que Celio quitta sa femme,
Que je l'ai quitté pour Pelagio,
Que Pelagio poursuit Onoria...

MARGHETTA

Ah ! je respire.

CLAUDIA

... C'est ainsi que je m'expliquais la vie :
On dirait d'une trame

Ourdie par la navette vive des cœurs
Allant, revenant sur la chaîne des jours
Au geste de tisserand que fait l'amour
— Les Poètes chantent cela...

MARGHETTA

... Les larmes sont douces-amères ;
Elles ont la saveur de la chair des roses
Qu'on déchiquette du bout des dents
En souriant...
Oui, mais j'ai peur ce soir,
Non peur de quelqu'un ni de quelque chose
Mais peur — comment te dire ? — du vide, du noir,
Du silence, de la fin...
Claudia, j'ai peur de mourir
— Cette lampe s'éteint !

CLAUDIA

Jesu-Maria ! ah ! la folle ! il vaut mieux rire...
Mais souffres-tu ?

MARGHETTA

Non, je ne souffre pas ;
Mon cœur bat sans émoi ;

99

Je me sens forte à marcher une lieue,
Calme à braver un spectre affreux ;
Mais tout au fond de moi,
Assise et réfléchie,
Ma peur est là qui veille d'un œil clair...

CLAUDIA

Oh ! ne me fais pas peur ! petite chère,
Tu as la fièvre.

MARGHETTA

Ma main est-elle chaude sur ta lèvre ?
Non, je sais bien :
Ma peur est d'avoir honte.

CLAUDIA

Je ne te comprends pas.
Honte ? et de quoi ?

MARGHETTA

... Honte de mon amour.

CLAUDIA

Oh ! que tu es heureuse, Margarita !
Combien ton âme a de détours

Où ta pensée te mène sans effort
Triste ou ravie !
Je ne sais rien regretter de la vie ;
J'ai honte devant toi
Qui peux rougir d'avoir aimé un homme.

Moi, j'ai des regrets,
Oui, j'ai des regrets en somme,
De tous petits regrets boudeurs
— Mais de ma joie passée, des bonnes heures ;
Et toi !
C'est d'avoir joui de la vie
Que tu t'attristes et soupires à part toi ?
Non parce que les heures sont passées,
Mais parce que tu as vécu de la joie !
Comme tu es fine et belle,
Avec tes tresses d'or
Et ce parfum qui monte
Autour de toi comme une griserie !
Apprends-moi le remords,
Et d'avoir honte...

MARGHETTA

Étrange fille, avec tes rêveries

101

Et ce flot simple de paroles
Vas-tu me troubler jusqu'au fond du cœur ?
Aurais-tu raison ? serais-je une folle ?

CLAUDIA

Ah ! ne dis pas cela !
Comment aurais-je raison, chère fleur,
Moi qui n'ai jamais pensé à ces choses ?
C'est toi qui m'as troublée, Margarita,
Avec ces roses
Que tu mordilles
En savourant leur mort comme une ivresse,
Avec tout cet amour qui déborde de toi
Ainsi qu'un vin impétueux qui brûle et brille.
Ne pourrais-je aimer, dis-moi ! comme tu aimes ?
C'était donc vrai, tous ces mots de poèmes ?
A peine les ai-je écoutés, autrefois !
La vie n'était donc pas quotidienne,
Il y a donc des lendemains de joie ?...

MARGHETTA

O lendemains de joie, lendemains de la joie...
Ma Claudia,
La joie éclot en peine,

Son souvenir obsède et lasse ;
Tu aurais tort de penser à l'amour :
Dès qu'on y pense, il pâlit et s'efface
Comme il advient d'un rêve...

Quelle heure est-il ?

CLAUDIA

Minuit va sonner, à San Giovanni.

MARGHETTA

Ah ! Giovanni, Giovanni mio !
... Et si l'on disait : Santa Margarita ?

CLAUDIA

Marghetta ?... Santa Margarita ?...
Non ! Santa Margarita, *c'est trop triste.*

MARGHETTA

Comme nous disons des folies, Claudia !
Le Seigneur nous assiste...

Voilà la cloche : un, deux.. cinq.. huit.. onze, douze..
Nous sommes plus vieilles, d'une belle journée.

Oui, la douce après-midi de soleil
Sur la pelouse,
Ce fut un jour de Mai...
Qu'avez-vous fait, Marghetta ?

Je l'ai bien aimé...

Qui chante dans l'allée ?

C'est la voix de Pelagio, sur ma foi !
Son fantôme vient-il me chercher ?
J'ai presque peur...
Adieu, Marghetta, fleur inégalée !
Sois prompte à t'endormir, mon cœur,
Et bonne nuit à si belle journée !

Adieu, Claudia, les nuits sont brèves,

Je veillerai mon rêve.
Que l'air est frais et doux :
Les parfums s'y confondent comme un chœur
Aux cent voix embaumées...

CLAUDIA

Eh quoi ? Seigneur Pelagio !
Vous venez à mon rendez-vous ?
Combien de belles se morfondent à cette heure ?

PELAGIO

Aucune, désormais,
Puisque me voici, Claudia.

MARGHETTA

O, l'on ne vous attendait guère, ici,
On vous l'avoue.

PELAGIO

La surprise doit être charmante, avouez-le !

CLAUDIA

Pelagio, pour un peu
Vous feriez rire à vos dépens.

PELAGIO

On rit toujours à mon profit.

CLAUDIA

Laissez ! laisse ! mais laissez donc, mon Dieu !
D'où venez-vous, Pelagio ?

PELAGIO

J'ai fait seller...

MARGHETTA

Ah ! dites vite !

PELAGIO

Prenant le gué,
J'ai rejoint Giovanni où les eaux se mêlent ;
J'ai à te parler, Margarita belle,
Mais seul à seule.

MARGHETTA

Ne parlez pas à mots voilés !
Claudia, permets qu'il me redise le message ?
Comme vous voilà sérieux, Pelagio !

Je suis sans défiance ;
Mais toi, méfie-toi, Margarita mie :
Le beau Pelagio n'est pas un sage.

... **D**ites !

Giovann' est parti.

Bien ! et puis ? plus vite !

Il est parti.

J'ai entendu, j'attends !

Qu'attendez-vous ?

Mais parlez ! parlez ou je crie !

Margarita ! d'un geste souverain
Quand vous lui avez pris la main
Au masque, en avril, chez Celio le fou,
Que pensiez-vous qu'il adviendrait
De lui, de vous ?
De nous ?
Or moi, Pelagio,
Qui t'aime mieux que tu ne l'as aimé, peut-être,
J'ai pensé dès ce soir, à ce soir-ci ;
Comprends-tu, Margarita ?

MARGHETTA

Non ! mais Giovanni ?

PELAGIO

Giovanni, Giovanni,..
Il est parti ; te dis-je !

MARGHETTA

Jusqu'à...

PELAGIO

Au fait, oui ! jusqu'à quand ?

MARGHETTA

Oh ! vous me torturez ?

PELAGIO

Qu'y puis-je ?

MARGHETTA

Vous mentez, maintenant !

PELAGIO

Que vous ai-je donc dit ?

MARGHETTA

A ne rien dire vous dites pire
Que tout ce que vous diriez, hélas !
Vous dites tout ce qu'on peut rêver,
De terrible et de triste, de noir, de bas !
Vous dites la trahison !
Vous me dites abandonnée...
Ah ! laissez-moi !
Dieu, pourquoi suis-je née ?...

PELAGIO

Pour rêver que vous aimiez, Margarita,

En souffrir au réveil
Et puis pour aimer d'un très grand amour :

Le premier amour est joli,
Mais futile et léger et traître
— Comme un faux printemps
Qu'on voit fleurir de sa fenêtre
Avec un sourire complice, peut-être !
Gardons son souvenir, il vaut de loin ;
On sourit tristement un peu quand on y songe.

Mais, maintenant !
Aspire longuement l'haleine des foins
Dans l'heure dorée qui s'allonge :
Voici le Printemps des roses écloses,
Avec ses lèvres de cerise
Qui rient et osent,
Avec ses yeux mi-clos qui disent
L'éblouissement de son désir divin !
Ah ! lève-toi, Marghetta, prends sa main ;
Livre ta bouche au baiser sans surprise ;
Voici la Joie, que précédait son ombre,
Voici l'Amour,
Voici ta Destinée !...

MARGHETTA

Ah ! pourquoi suis-je née ?...

PELAGIO

Vous m'avez dit :
Comme vous voilà sérieux, Pelagio !
Non, j'étais fou :
Je ne suis pas venu chargé de pensées tristes
Au lointain rendez-vous
Que je m'étais assigné, cet avril,
Avec le désarroi de ton cœur douloureux ;
J'avais le cœur léger, j'étais heureux,
J'ai chantonné dans l'allée du courtil ;
Et soudain, je t'ai parlé, sur mon âme !
Comme je n'ai jamais parlé à une femme...
Je n'ai jamais aimé, Margarita,
Et vous croyez avoir aimé ?

MARGHETTA

Ah ! Giovanni ! que t'ai-je donc fait ?...

PELAGIO

Je riais sur la route,
Pensant à Giovann' qui fuit et doute,

Doute s'il fuit, fuit pour ne pas douter,
Pense se retourner pour voir si on le pleure
Et pleurerait de rage si on ne le pleurait
Et s'ingénie à croire à contre-cœur
Que, si on l'oubliait, il serait aise ;
Or il s'attriste à la seule pensée
Qu'on puisse aimer un autre, l'insensé !
Et, malgré cela,
Il fuit pour ne pas aimer qui l'adore !
C'est drôle et triste,
Mais plutôt drôle en somme.

MARGHETTA

Ah ! Santa Maria !
O doux Seigneur Christ !..

PELAGIO

Je croyais avoir à vous dire
Des choses qui font rire ;
J'avouerai tout :
Je pensais ne vous parler qu'à genoux
Et vous amener à m'aimer un peu,
Par rancune d'abord, et puis,
Peut-être, parce que je sais faire sourire

L'heure légère des vains aveux,
Et que je sais
Étouffer le scrupule qui monte
Avec les larmes qu'on sèche d'un baiser ;
Parce que je sais voiler la pudeur rose
D'un tissu de gaîté masquant sa honte
Et mener par delà le rêve,
Jusqu'au seuil rouge de la joie,
— Comme un danseur sa compagne étourdie
Dont la taille ploie et s'abandonne —
Les filles rieuses de ce rire qui pardonne...

MARGHETTA

Ah ! pauvre fou !

PELAGIO

Mais, voyez, me voici à ton côté
Comme un qui rêve auprès de sa pensée,
Craintif de ton regard clair et fatal ;
Margarita, toute mon âme a mal
De vous aimer ainsi indignement ;
Je suis comme meurtri ainsi que d'une chute ;
Vous m'avez dégrisé de ma folie ;
Je parle non d'amour, mais de pardon ;

Pardonnez-moi ! n'en veuillez qu'à ma vie
De jeune fou qui va à travers la prairie
Et s'il voit une fleur veut la cueillir...

MARGHETTA

Pelagio ! n'as-tu pas entendu
Un pas furtif au long du buis ?...

Ah ! Santa Maria !... c'est lui ! .

PELAGIO

Vous l'aimez bien !

MARGHETTA

Restez ! ne dites rien !
Je vous ai pardonné :
Voyez, ces roses sont fanées...

MARGHETTA

Donc, tu as douté, même de moi, Giovanni ?

GIOVANNI

J'ai douté de moi-même,

Je me renie !
Je doute de toutes choses,
Hors de toi seule, Marghetta !
Toi que j'aime...

Pelagio, tu as perdu ! de par Dieu !

MARGHETTA

Et moi, j'étais l'enjeu, sans doute ?
Avec mes pleurs, ma chair, ma douleur et ma joie ?
La belle partie à jouer son cœur !
Que faisais-tu mystère
Du mépris qu'on me doit
En retour de ma honte...
Qui donc n'aura gagné à tout ceci ?
Toi, Giovanni, ta jeune sagesse ;
Pelagio, toi, un cœur ;
Et moi, mon âme.

GIOVANNI

Marghetta !

MARGHETTA

Parlons plus bas !
Le jour est proche : les vains soucis

116

S'en viennent...
L'Amour va s'éveiller pâle sur son grabat
Auprès de la Luxure qui bâille encore ;
Le Lucre surgit en sursaut vers son trésor ;
Déjà la Honte se farde à son miroir ;
Le Mensonge se vêt...

GIOVANNI

De quelle voix parle-t-elle ?
Marghetta, par pitié !

MARGHETTA

Regarde, Giovanni ! je suis belle !
Couvre tes yeux de tes mains fines :
Me vois-tu couchée au cercueil ?
Devine
Sous cette beauté — son linceul —
Mon squelette, ta compagne de volupté !
Ma forme qui t'enfièvre est morte,
Ma forme que tes rimes ont sculptée !
Mon baiser n'est que cendre amère...
Détourne-toi, essuie ta lèvre,
Réveille-toi du sommeil de la chair :

Songeons à Celio qui sut comprendre !

Celle qui veille au chevet de l'amour,
Comme un proxénète guettant le sûr salaire,
Nous devra-t-elle surprendre
Pamés et gourds ?
— Comme un chasseur la grive grise ! —
Ne saurons-nous devancer la surprise ?
Et nous lever avant le jour ?

GIOVANNI

Démence !

MARGHETTA

Viens ! l'Orient s'irise : le verger chante !
Entrons, par le portail de l'aube, dans l'éternité :
Soyons comme si nous n'avions pas été ;
Éveillons-nous, les dormeurs de la nuit d'été !
Main dans la main, o frères à genoux !...

GIOVANNI

Marghetta tu es folle ! ou suis-je fou ?

PELAGIO

Santa Margarita, priez pour nous !

SAINT MICHEL
DU PERIL

SAINT MICHEL

La porte est close ;
Et, par delà les ais cloutés de fer,
Qu'un autre chante son air,
Qu'une autre cueille ses roses
— La porte est close d'une barre de fer.

... Je songe d'un cloître
Aux chapiteaux de Saint-Trophime
Où regarder, un jour entier, les ombres croître
Et glisser, comme de lents moines noirs,
Dès l'aube de juin et jusque dans le soir
— De laudes à prime,
De sexte en none —

Autour des colonnettes,
Et se confondre dans le crépuscule
Avec les heures qui sonnent,
Graves et muettes
Dans le crépuscule monotone...

Or, sur le mur,
Je tracerais des lignes et des courbes,
Au hasard, presque (comme, en rêve, l'on murmure
Des mots que nul n'apprit) :
Patient, parfois, jusqu'à la minutie ;
Ou de main lourde, et à gros traits,
Brutalement ;
A mon seul gré et pour moi seul ; distrait
A rêver Dieu au fond du firmament.

Loin de la voix et de l'orgueil des hommes
Sans la hâte de vivre qui souille et qui profane ;
Sans mauvaises joies de l'âme ;
Sans qu'on me nomme ;
Seul comme jadis et toujours, et encore
— Comme dort un peu de bronze
Entre les pierres qu'il lie :
Forte âme des colonnettes au frêle essor,

Insoupçonné et fort —
Je courberais comme un grappin de bronze
Ma secrète énergie.

L'aube s'en viendrait et l'heure — inattendues ;
Le jour fuirait sans paroles folles — en fête !
Même ce peu de haine qui rougit aux pommettes
Quand glapit aux feuillets qu'on froisse
Un conte de honte ;
Même ce peu d'amour qui perle au bord des cils,
Comme une angoisse !
Quand chante aux vieux feuillets la voix des jours moins vils ;
L'effort qui crispe un poing devant l'acte entrevu ;
La malédiction aux lèvres entr'ouvertes ;
Le cri improféré ; la voix qui répond : Certes !
Et passe,
Quand la pensée altière a nié et dédaigne ;
Le masque d'un sourire sur la lèvre qui saigne...
Rien ne serait de tout ceci, mon âme.

Blanc de silence et de solitude
Le cloître ferait face aux quatre feux du ciel ;
La vie se mêlerait à l'azur, comme une aile,
Comme un peu de fumée...

Et la pierre serait rude,
L'air parfumé.

Or, sur le mur,
— Ainsi qu'il vint du ciel —
Je tracerais, de main très sûre, Michel,
En effigie,
Michel l'archange :
Ame forte des secrètes énergies.
Le trait dirait, selon sa courbe pure :
« Michel, quand tu t'es levé sur l'abîme,
Avec ta lance d'or et tes yeux de soleil,
Quelle ire t'étreignit et quel fut donc le crime
Qui te fit te voiler de tes ailes vermeilles
Avant l'essor soudain de leur vaste envergure
Qui passa comme un météore sur les soleils,
Et, sur la nuit, comme un vol de cygne ? »

Le tracé amoureux des lignes
Dirait encore, comme un poème :
« Bouche belle comme la voix des séraphins,
Lèvres pures et chastes que Dieu fit d'un baiser,
Quel fut le blasphème suprême

Qui t'a meurtrie d'un cri et qui vous a plissées
D'une ride de dédain ?

« A-t-il paré son orgueil muet
De la rumeur de Dieu ?
Fut-il l'ombre de sa clarté ?
Qu'importe : tu es radieux !
La lutte t'arme d'une beauté
Qui rachète le crime sans nom ;
Je me lève à ton côté,
Dans l'ombre de ton pennon ;
Qu'importent les hontes resurgies
Comme les herbes quand le vent a passé ?
Tu enivres ma pensée,
Archange des énergies :
La beauté est en soi et sans but
Que soi-même, éternellement,
Comme le fruit de l'amour est lui-même ;
Et la joie qu'en soi l'on porte
Est telle qu'elle est seule au monde ;
O cloîtres, que s'écroulent vos portes !
La solitude est en nous.
Au fond de la vie profonde,
La solitude infinie

De l'éternelle Unité
Qui tend l'amour et le génie
Comme des miroirs à sa beauté... »

La victoire est en notre droite,
Michel, comme ta lance vermeille ;
L'avenir identique miroite
Sur tes ailes qu'il ensoleille ;
Ton pied stable foulant l'impur
Est l'équilibre joyeux ;
Ta stature d'or sur l'azur
Trace l'ordre harmonieux ;

Et si j'ai compris ta face,
Michel, et ton geste et tes ailes,
Je puis rire à la vie qui passe
Et sourire et la dire belle,
Encore !
— Si j'ai compris ta face
Et le reflet de Dieu en elle.

Alors,

J'ai repoussé le vantail lourd
Clos d'une barre de fer ;
J'ai ouvert mes yeux au jour,
Ma lèvre à la brise amère ;
J'ai regardé le tumulte
Grouillant autour de l'idée
Et la gloire jaillir de l'insulte
Comme un embrun irradié :
Les pieds de la mort féconde
Vont foulant la vie au pressoir ;
Ce soleil qui dore le monde
L'ensanglantera ce soir ;
La roue tourne inlassable
Vers le but que Dieu se désigne ;
Le flot fera lisse le sable ;
J'y ai tracé ces lignes...

Beauté des foules...
Rumeur sans voix,
Pauvre âme vaste et faible et soûle !
Comme un jusant ;
Ou montante telle la mer, encore !
O force vaine,
Étreinte au granit dur des lois de vie,
Et qui, étale et lasse, t'endors
— Utile seulement selon la norme
Qui croise en harmonie
Les mille cours des astres,
Énorme, informe, à l'infini...
Utile seulement, parfois, pour des désastres.

Foule dont je ne suis, ce soir, qu'un flot
— Malgré que mon rêve flotte vers demain
Au loin sur tes eaux ;
Malgré que de la volonté crispe ma main —
Foule, dont je sens l'inconscience sur mon âme
Tourbillonner comme un remous de flamme ;
Il n'est pas de paroles pour tes bouches,
Tendres, amères ;

Il est un rythme étrange en toi :
Tu es mobile par delà la lassitude
Et joyeuse, soudain, d'un rayon — comme la mer,
Encore ! et ton rire est une attitude.

O simple haine éparse dans le soir
— Ainsi qu'un vent mauvais poussant la foudre
Drapée au lourd manteau des nuées noires —
Tu surgis comme un ouragan,
Et c'est le soir des races,
Dit-on ;
Et craintif, tout se tait ;
Et quand tu passes,
Et, quand tu es passée,
Le jour est encore là, fleuri d'amour :
La vie n'est pas lassée.

Tu aimes sans raison que ton amour,
O fille folle !
Avec tes baisers à donner la mort,
Avec ton désir sans regret,
Ton oubli sans remords ;

Et, si tu n'aimes pas, qu'importe ?
Qu'importe l'amant gisant à ta porte ?
L'aube se lève, et toi !
Et tout est calme et recommence : tu aimes un autre !
— Ta vie est folle et forte —
Tu hais un autre...

Ce peu de vie que bat mon cœur d'une heure,
Je l'ai mêlé, pensif, à ta rumeur,
Foule inlassée comme le flot des heures,
Et de la mer ;
Et penché sur le livre humain,
Comme d'un promontoire,
J'ai respiré le souffle de tes marées d'équinoxe,
Dès mille et mille années
Et par delà ;
J'ai vu palpiter ton espoir,
J'ai vu mourir des destinées
Et se lever des aubes pardonnées :
Je t'ai rêvée farouche et tendre et telle
Que j'ai pleuré d'amour te rêvant belle ;

Car tu es jeune comme la vie, ce soir ;
Ta foi est toujours neuve comme l'aurore ;

Tu ne sais qu'une chose ; qu'il faut croire
Et vivre pour demain et vivre encore ;
Mêler ton sang et projeter la vie aux forts !

La strophe et l'antistrophe !
Sonnent les lyres :
Tu montes lentement et te retires
Brusque,
Et tournoies et tu es revenue ;
Et l'épode sonne un thrène millénaire —

Je n'ai pas honte, étant un peu de toi,
D'élever sur le seuil d'un jour ma voix,
De chanter dans le fracas qui m'enclôt
Mon rêve à moi qui sonnera comme un sanglot
De vaguelette sur le rivage amortie
Parmi ta grande voix qui houle et crie ;

Je n'ai pas honte, si je t'ai trouvée belle
De t'aimer à voix haute, selon mon âme ;
Non pour la pauvre gloire d'étincelles
— Sur la nuit claire des temps secondes en flammes —
Ni pour que tu te saches aimée ou belle :

Car tu ne sais rien de ces choses :
Tes grands yeux sont ouverts,
Ta bouche est close ;
Et c'est le soleil ébloui qui dit la strophe
Des univers
— Mêlant son rire aux roses —
Tu es muette et simple comme les choses.

Et si j'ai regardé au loin c'est pour me taire,
Scrutant l'éternité de ton mystère,
Cherchant le geste immense dont ta vie est faite,
Taciturne à rêver quel Dieu est le poète ?...

ÉPILOGUE

ÉPILOGUE

Nous disions à mi-voix des chansons si légères
Que le vent les portait comme un parfum de lys ;
Nos paroles miraient l'ombre en l'eau des fougères
Et la feuille qui tombe en la source qu'elle plisse ;

Nous redisions l'amour qui chante aux roseraies,
Pensifs selon l'heure claire et l'ombre et la saison,
Et la plaine riante au défaut de la haie,
Fière et chaste sous la robe diaprée des moissons ;

Nous songions à l'effort harmonieux qui lie
La route empoussiérée au limpide horizon
Et la raison sereine à la tendre folie
Et le bruit des travaux de l'homme à sa chanson.

Ailleurs, la voix qui chante est pleine de lassitude
— Le rire oblique y meurt comme un quinquet sans huile —
Le conte graveleux bave aux coupes séniles ;
Le poète se grime, la muse se dénude.
Cependant, dans le bruit des hoquets et des rires,
Notre voix sûre n'a pas fléchi :
Qu'il faille d'autres chants dans l'aube qui blanchit,
Nous aurons dit au vent les mots qu'il fallait dire.

Quel silence est tombé autour de nous !
L'orchestre lascif et fou,
En un râle, s'est tu...
Dehors,
Le jour s'éveille avec effort ;
La vieille Vie, à court de mots,
Marmonne courbée et dort
Sous le deuil dérisoire dont ils l'ont revêtue...
Je ne sais plus de chansons qui l'éveillent ;
Son masque de fard est pâle sous le crêpe
— La luxure blafarde a saccagé la treille,
Le luxe obèse a brûlé jusqu'aux ceps.

On ne sait plus de mots pour les lèvres humaines,
A moins qu'ivre et souillée, hors de la fange obscène,
Tu ne te dresses, enfin, pour hurler à la mort,
Déesse épouvantable comme un météore,
Haine souveraine !...

*A*lors,
Ils s'en viendront du couchant, du levant,
Les yeux en pleurs, le rire aux lèvres,
Vêtus des haillons de la gloire battant au vent,
Hagards et marchant dans leur rêve.

Non pas ceux-ci — avec leur art bavard !
Jaseurs émasculés de rêves troubles,
Ciseleurs de cercueils :
Ils ne sont qu'une tare,
La moisissure du fruit qu'on cueille ;

Mais d'autres : millier aveugle et sourd,
Tout le rêve foulé des races
Redressé comme l'herbe vivace :

Les affamés de pain, de justice, ou d'amour,

Les assoiffés de vin, d'harmonie, de victoire,
Debout, la haine au cœur, et face à face,
Dans cette aurore en sang du Jour de Gloire !

J'entends sonner au loin leur pas rythmé et sourd
— Tais-toi ! l'heure est tragique et la Vie se blasphème :
Ils iront à la mort comme on court à l'amour
Et le cri des clairons dira le grand Poème.

TABLE

TABLE